AF592916

EMBLESMES SACREZ,

SVR LA VIE, ET MIRACLES DE SAINCT FRANÇOIS.

EXPLIQVEZ EN VERS FRANÇOIS,

ET ENRICHIS DE FIGVRES ET PASSAGES D'ESCRITVRES.

A PARIS,
Chez IEAN MESSAGER, ruë S. Iacques, à l'Esperance.

M. DC. XXXVII.

Auec Priuilege du Roy ; Et Approbation.

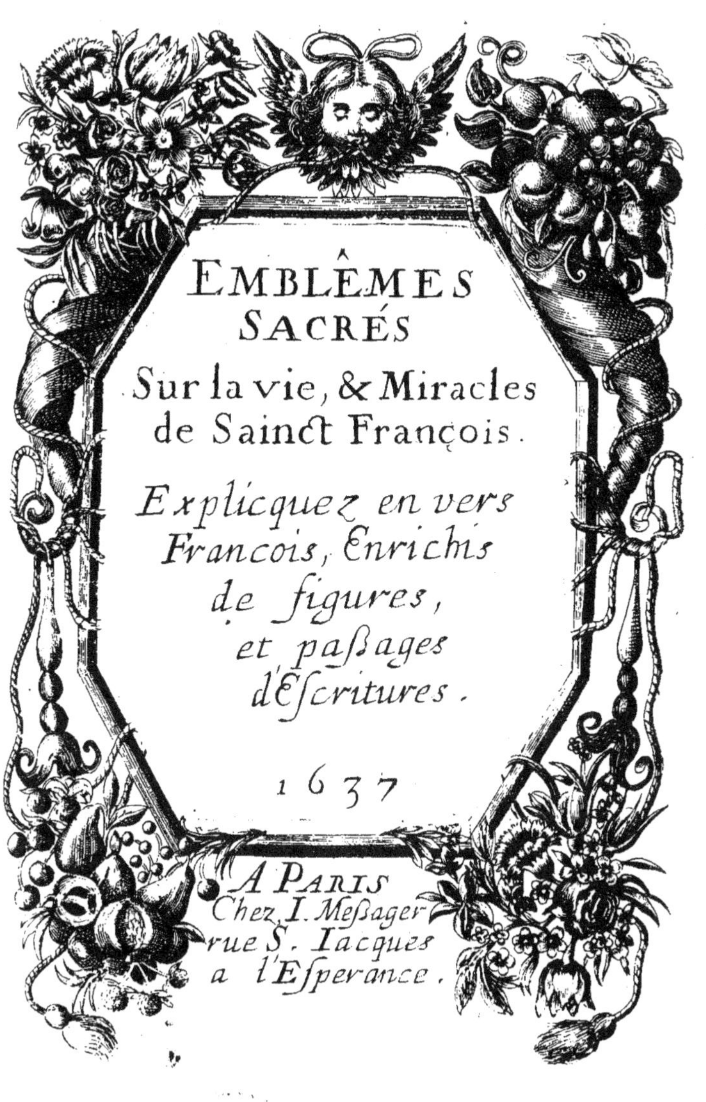

EMBLÊMES SACRÉS

Sur la vie, & Miracles de Sainct François.

Explicquez en vers Francois, Enrichis de figures, et paßages d'Escritures.

1637

A PARIS
Chez I. Meßager
rue S. Iacques
a l'Esperance.

SVR L'IMAGE DE SAINCT FRANCOIS.

Aduis de l'Autheur au Peintre.

SI tu pretends peindre la face
Et de Sainct François le portraict,
Fais ſi bien que d'vn meſme traict,
On voye vn petit Dieu par grace.

Ses yeux vers la voûte azurée
Teſmoignent ſon affection ;
Fais tant que ſa deuotion
Soit en ſon habit figurée.

Ainſi François ie vous contemple
D'vn œil de Fils & de ialoux :
Quoy ſeul fauory ſerez-vous ?
Ie veux imiter voſtre exemple.

Imitatores mei estote sicut, & ego Christi. Cor. 11.

Stigmata Domini Iesu in corpore meo porto.

Ie porte en mon corps les Stigmates du Seigneur IESVS. *Gal.* 6.

LE riche lict n'est pas sortable
Pour accoucher d'vn Sainct Fran-
çois,
Vn Ange aduertit qu'on fist choix
Comme au grand IESVS d'vne estable.

Ainsi sa Mere enfante au monde,
Dans la maison d'humilité,
Celuy qui sur la pauureté
Veut que son grand ordre se fonde.

Qui veut esleuer l'edifice,
Il doit dés le commencement
Ietter fort bas son fondement;
C'est de Sainct François l'artifice.

Et reclinauit eum in præsepio. Luc. 2.

Qui nasci in cubiculo non poterat,
Diluculo nascitur in stabulo.

Matheus fecit. *Meßager excud.*

Il l'a mené dans l'estable, & a eu soin de luy. *Luc* 10.

QVE fait cét homme de village?
Sans doute il a l'esprit de Dieu,
En tapissant de fleurs le lieu
Par ou François passe en bas aage.

La Terre, qui n'est rien que fange,
En effet ne meritoit pas
D'estre le soustien de ses pas,
Il faut vn Ciel pour vn tel Ange.

Quiconque la terre mesprise
Aura pour son throsne les Cieux;
Portons-y nos cœurs & nos yeux,
C'est là qu'il faut que chacun vise.

Festina

Festinauerunt, & vnusquisque tollens pallium suum posuerunt sub pedibus eius.
Heb. 4. Reg. 9.

Quis putas puer iste erit ?
Eunte autem illo substernebant
vestimenta sua in via .

Matheus fecit. *Meßager excud.*

Où penses-tu que cét enfant paruiendra ?

LORS qu'on ne parloit que de guerre,
Le Ciel mesme pour l'esmouuoir,
Diuerses armes luy fait voir,
Le destinant Soldat en terre.

Il s'y prepare & son bagage,
Mais Dieu luy dict : Ieune François
Mes grands desseins tu ne conçois,
Garde pour moy ton grand courage.

Dés-lors il n'eut plus d'autres armes
Que de IESVS la Passion.
Heureux qui, par compassion,
Se laisse emporter à tels charmes.

Dixitque Ioſeph ad eos: Audite ſomnium meum quod vidi. Gen. 37.

Crucis arma fulgentia, vidit Franciſcus dormiens Chriſtum dicentem audiens, tua erunt hæc omnia.

Matheus fecit. *Meſſager excudit.*

Conſiderant l'appareil de diuerſes armes. *Mach.* 15.

LA preuue de sa saincte flamme
Paroist à l'endroit des Lepreux,
Les seruant il vit auec eux:
Ce sont les plaisirs de son ame.

En trouuant vn dans la campagne,
Il descend de cheual exprez,
Pour le caresser de plus prez,
Et de ses larmes il le baigne.

Le Sainct Amour a pour deuise,
I'ay de mon prochain vn tel soin,
Que ie l'assiste en son besoin,
Tout autre amour ne m'est de mise.

Samaritanus iter faciens videns eum misericordia motus est. Luc. 10. v. 33.

Leprosis fit obsequio, quos antea despexit.

Matheus fecit. *Messager excudit.*

Il cherit le Lepreux qu'il a mesprisé auparauant. *Psal.* 40.

LORS que le monde le careſſe,
Il recognoiſt ſa vanité :
Puis, ſuiuant cette verité,
Il s'en retire en ſa ieuneſſe.

IESVS & MARIE luy dardent
Vn traict, qui luy perçant le cœur,
Le rend des vanitez vainqueur :
Ce n'eſt pas tout ce qu'ils luy gardent.

Lors que la Grace nous conuie,
Suiuons ſa voix fidellement ;
Par ſa conduitte aſſeurément
On arriue au port de la vie.

6

Sagittæ potentis acutæ, populi ſub te cadent. Pſal. 44.

Hic vir in vanitatibus nutritus indcenter,
Diuinis chariſmatibus præuentur eſt clemẽter.

Meſſager excud.

Vous m'auez mis comme vn blanc à vos flesches. *Iſa.* 49.

POVR couurir vne pauure Eglise,
Il vendit iusqu'à son cheual;
Mesme pour reparer ce mal,
Il engagea sa marchandise.

Au Prestre il donna cette somme
D'vne zelante affection.
Quel degré de perfection
Doit-il prattiquer estant homme?

Estre marchand & ieune d'âge
Sans desbauche & legereté,
On ne sçauroit, sans sainctеté,
Donner au monde vn tel presage.

Domine

Domine dilexi decorem domus tuæ & locum habitationis gloriæ tuæ. Psal. 25.

Equum et pannos vendit, pecuniam offert sacerdoti

I'ay aymé, Seigneur, l'embellissement de vostre maison, & le lieu de l'habitation de vostre gloire. *Psal.* 25.

POVR ne point vſer de remiſe,
Et que le monde auec la chair
N'euſſent rien à luy reprocher;
Il quitte iuſqu'à ſa chemiſe.

Il renonce à ſa legitime
L'Eueſque & ſon pere preſens:
Le Ciel luy fera ſes preſens,
Puis qu'il n'a que Dieu dans l'eſtime.

Ce coup eſt plus grand qu'on ne penſe;
S'il rend François pauure de tout,
Le centuple l'attend au bout,
Il fait beaucoup qui bien commence.

Expoliaui me tunica mea. Cant. 5.

Ductus ad loci Præſulem ſua patri reſignat,
Nuduſq; manens, exulem in mundo ſe deſignat.

Matheus fecit *Meſſager excud.*

Nous auons tout quitté pour vous ſuiure. *Math.* 19.

LORS qu'Innocent Pape sommeille
Il voit deux saincts, sans succomber,
L'Eglise estant preste à tomber,
La soustenir par grand merueille.

Quand François vint à comparoistre,
Le priant d'accepter ses vœux,
Le Sainct Pere dict ; ie le veux,
Ie commence à te bien cognoistre.

Par là ce void comme l'Eglise
Se sert des vertus de François,
Et d'vn mesme traict, tu conçois
Combien Dieu les siens fauorise.

In vita sua suffulcit domum Dei, & in diebus suis corroborauit templum eius. Eccl. 50.

Vade Francisce repara domum meam.

Il a soustenu pendant sa vie la maison de Dieu, & en ses jours il a affermy son temple. *Eccl.* 50.

TANDIS que ſon ame ſouſpire
Apres l'objeƈt qui tient ſes yeux,
Il entend du plus haut des Cieux
La voix de celuy qui l'inſpire.

Elle diſoit qu'il deuoit viure
Dans vne grande pauureté,
Ioinƈte à l'extreſme auſterité,
Et la regle à la lettre ſuiure.

Regle Diuine ie t'honore?
Tu contiens la perfeƈtion;
Car tu reduis à l'aƈtion,
L'eſprit, qui dans le Ciel s'eſſore.

Deditque Dominus Moysi duas tabulas testimonij lapideas scriptas digito Dei. Exod. 31.

Deum quid agat unicum consultans,
audit coelicum insigne sibi dari.

Et tous ceux qui suiuront cette reigle, paix soit sur eux. *Gal. 6.*

ESleué deſſus la nature
L'amour le conduit en vn bois,
N'ayant qu'vn liure & qu'vne croix,
Detaché de la creature.

C'eſt là que ſeul à ſeul il traitte
Auec IESVS ſon bien-aymé,
Il eſt de luy tant eſtimé,
Qu'il choiſit pour luy la retraitte.

Qui ne t'aymeroit ſolitude?
Tu fais que l'ame doucement
S'vnit à Dieu parfaictement;
Partant fy de toute autre eſtude.

11

Ductus est Iesus in desertum à spiritu.
Math. 4.

Franciscus vt in publicum cessat negotiari
in agrum mox dominicum secedit meditari.

Et ie suis sorty aux champs pour mediter. Gen. 24.

LEs demons, qui creuoient d'enuie,
Voyans qu'en vn si foible corps,
Il faisoit parroistre au dehors
Vne austere & si chaste vie.

Vn iour le tenterent du vice
Qu'il auoit plus à contre-cœur,
Mais il en demeura vainqueur,
Domptant sa chair & leur malice.

Il se ietta nud dans des ronces,
Pour matter son corps par douleurs:
On ne verroit tant de mal-heurs,
Si l'on rendoit telles responces.

Caſtigo corpus meum, & in ſeruitutem redigo, ne reprobus efficiar. Cor. 9.

Hic carnis ſupercilium legi ſubiecit ſpiritus.

Ie chaſtie mon corps, & ie le reduis en ſeruitude, de peur que ie ne ſois reprouué.

CEs Amans ont mesmes pensées,
François ardent veut estre en corps
Tel, que IESVS paroist dehors,
Le costé, pieds & mains percées.

Pour ce subjet ils sont ensemble;
IESVS luy fait impression
Des playes de sa Passion:
Sainct François ainsi luy ressemble.

Le pur amour tousiours souspire
A se conformer à l'object,
Qu'il cherit seul, pour ce subject
Tousiours l'ame saincte y aspire.

Posuit os suum super os eius, & oculos super oculos eius, & manus suas super manus eius, & incuruauit se super eum. Reg. 4.

Ad quem venit Rex è cœlo amictu Seraphico,
Confixitque Crucis telo, portento mirifico.

Il a mis sa bouche sur sa bouche, ses yeux sur ses yeux, &c. & s'est courbé sur luy.

Reg. 4.

QVE vois-ie en l'air dãs vne flamme?
C'est toy, François, mais où vais-tu?
Où te conduira ta vertu?
Ton corps s'esleue auec ton ame.

Les Anges, qui te font escorte;
Meinent le char, où ton corps luit,
Comme la Lune en belle nuit,
Pour ton esprit; l'amour l'emporte.

Tu vas trouuer (comme vn Helie)
Ton bien-aymé, mais tarde vn peu;
Pour me bien chauffer à ce feu,
Permets qu'à ton char ie me lie.

Ecce currus igneus & equi ignei, & ascendit Helias per turbinem in cælum. Reg. 2.

Ignea præsentibus transfiguratũ fratribus in solari specie vexit te quadriga.

Il a espandu la nuë en leur chemin, & le feu pour les esclairer pendant la nuict.

Cron. 25.

IEsvs venant du Ciel en terre,
Apporta le glaiue d'amour,
Dont l'ame saincte nuict & iour
Doit liurer à son corps la guerre.

François veut qu'vne double lame
Perce son esprit & son corps,
Affin que tous deux demy-morts,
La victoire en reste à son ame.

O mort! mais plustost Saincte vie!
Fais moy pour mon Iesvs mourir;
Car plus on faict le corps souffrir,
L'ame est en Dieu plustost rauie.

Vidi

Vidi alterum Angelum aſcendentem ab ortu Solis, habentem ſignum Dei viui. Apoc. 7

Crucis magnum myſterium ſuper Franciſco claruit,
Dum ſignatus apparuit cruce duorum enſium.

Et ſortoit de ſa bouche vn glaiue aigu des deux coſtez. *Apoc.* 2.

L'AMOVR diuin auec ſa flamme
Embraſoit tellement ſon cœur,
Que tu le vois icy vainqueur
Du feu ſenſible & d'vne femme.

Les beautez & les artifices
Firent voir ſes vertus au iour,
Et ce que peut le Sainct amour
Contre vne femme & ſes malices.

François ſe tournoit à ſon aiſe
Tout nud ſur les charbons ardans:
Le Sainct feu, qui bruſle au dedans,
Eſteint ſoudain toute autre braize.

Relicto in manu eius pallio, fugit Ioseph, & egressus est foras. Gen. 39.

Et in medio ignis non sum æstuatus. Eccl. 51.

Et ie n'ay point esté bruslé dans le milieu des flammes. *Eccl.* 5.

CHACVN desiroit qu'il fust Prestre,
Mais sa profonde humilité,
Luy monstroit cette qualité
Si grande, qu'il ne l'osoit estre,

Vn Ange, auec vne fiole,
Qu'il tenoit pleine de telle eau,
Que le Soleil n'est pas plus beau,
Dict à François cette parole,

Sois Prestre, si ton ame est telle.
Dés lors il dit; Ie cognois bien,
Que tel honneur n'est pas mon bien;
Les Saincts vont si Dieu les appelle.

Elegi abiectus eſſe in domo Dei mei.

Pſal. 84.

Eritis mihi in rgnum ſacerdotale et gens ſancta.

I'ay choiſi d'eſtre humble dans la maiſon de mon Dieu. *Pſal.* 84.

LE zele du ſalut des ames
Le porte à preſcher en tous lieux,
Et pour prouuer ſa foy des mieux,
Il expoſe ſon corps aux flammes.

Le Soldan void comme il s'engage,
Par vn deffy, le feu bruſloit,
Mais chacun des ſiens s'en alloit,
Cedant à François l'aduantage.

Ce Saint tout content ſe retire,
Sans s'amuſer à ſes faueurs :
Qui preſche auec meſmes ferueurs
Aura la gloire du Martyre.

Loquebar de testimonijs tuis in conspectu Regum, & non confundebar. Psal. 110.

Vas electionis est mihi iste vt portet nomen meũ coram regibus et gentibus.

Il m'est vn vase d'eslite pour porter mon nom deuant les Gentils & les Roys.

Act. 9.

SA vie eſtoit toute Angelique,
Auſſi les Anges ont eu ſoin
De l'aſſiſter en ſon beſoin,
Souuent il en vit la prattique.

Par les champs hors de toute voye,
Ce Sainct ſe trouuant fort laſſé,
Et de ſes ieuſnes haraſſé,
Le Ciel vn Ange luy enuoye.

Qui dedans cette ſolitude
Le traitta magnifiquement ;
Dieu donne tout ſoulagement
Quand on met en luy ſon eſtude.

Angelis

Angelis suis mandauit de te, Vt custodiant te in omnibus viis tuis. Psal. 90.

Ab Angelo inopinate pascitu.

Ie n'ay iamais veu le iuste abandonné.

OV va cette fille à l'Eglise?
Riche en habits, comme en beauté,
Quitter maisons & parenté,
Aux pieds de Sainct François d'Assise.

Il y court pour faire vn eschange
De ses vestemens curieux,
Au drap de bure precieux
A ceux qui veulent viure en Ange.

Lors que le sainct Amour esclaire,
Se rendant maistre d'vn bon cœur,
Il le faict du monde vainqueur;
C'est ce que t'apprend Saincte Claire.

Audi filia obliuiſcere populum tuum, & domum patris tui. Pſalm. 44.

Veni ſponſa Chriſti columba mea.

Venez eſpouſe du Seigneur, venez ma Colombe. C*ant*. 2.

VOY Saincte Claire icy plus forte
Que Sainct François, qui ne veut pas
Prendre auec elle vn seul repas;
Mais sa grande vertu l'emporte.

La pauureté couuroit la table,
Ces deux amans au Ciel acquis
Sont traittez de mets plus exquis,
Et à leur estat plus sortable.

Les Saincts, surpassans la nature,
Accompagnent leurs actions
De si grandes perfections,
Qu'ils ont souuent telle pasture.

Pane cæli ſaturuuit eos, pluit illis manna ad manducandum. Pſal. 78.

Duplicauit annonam ſeruis ſuis Dominus vere pius vere miſericors.

Il les a ſaoulez du pain du Ciel, & il a plu de la manne pour manger. *Pſal.* 78.

FRANÇOIS, estant mort à soy-mesme,
Ressent les extases d'amour:
Les Anges viennent, tour à tour,
Le combler d'vne joye extresme.

Son corps patit, mais la musique,
Conforte son cœur languissant,
Ne crains qu'il aille perissant,
Sa maladie est Angelique.

Tu le voids couché sur la dure,
Mais ayant son IESVS au cœur,
De toute peine il est vainqueur;
Celuy qui l'ayme rien n'endure.

Adducite mihi psaltem. Reg. 4.

Fulcite me floribus, stipate me malis: quia amore langueo.

Amenez-moy vn Musicien. *Reg.* 4.

D'VN roc il tire vne fontaine,
Le Ciel luy prestant son pouuoir,
Qu'il implore affin de pouruoir
A son prochain qu'il void en peine.

Lors qu'vne grande soif consomme
Vn pauure esgaré dans vn bois,
Le sainct accourant à sa voix,
Fit ce miracle pour cét homme.

Le Sainct amour quitte soy-mesme
Prennant des maux d'autruy grand soin.
Qui secourt son frere au besoin,
Monstre que Dieu vrayement il ayme.

Cumque eleuasset Moyses manum percutiens virga bis silicem, egressæ sunt aquæ largißimæ.
Num. 20.

Sitienti eduxit aquam de petra.

Son esprit soufflera & les eauës tomberont. *Cron.* 98.

IL eut vn iour belle audience,
Car les oisillons dans vn bois
S'assemblans au son de sa voix
L'escoutoient auec grand silence.

Ces emplumez, pris par l'oreille,
Allongeans le col pour louïr,
Tesmoignent beaucoup s'esiouïr
Et d'auoir entendu merueille.

Que grande fut son innocence!
Le voilà, comme Adam, puissant.
Dieu iuste nous va punissant;
Le moindre animal nous offense.

Benedicite omnes volucres cæli Domino.
Dan. 3.

Dat aurem suis auium prædicans siluestrium verbis intendentem.

Que tout esprit loüe le Seigneur.
Psal. 150.

DIEV veut que les bestes sauuages
Respectent son amy François,
Vn cruel Loup sortant du bois
Faisoit des horribles carnages.

Le Sainct appaisant sa furie
Le rendit comme vn agneau doux,
Il touche à sa main deuant tous
Et François luy promet la vie.

Les animaux luy font hommage;
Il meritoit bien ce bon heur:
Quiconque à Dieu rend tel honneur,
Il aura pareil aduantage.

Benedicite omnes bestiæ & pecora Domino. Dan. 3.

Hic creaturis imperat qui nutui subiecerat se totum creatoris.

Celuy-là commande aux creatures, qui se rend obeissant au Createur.

SEs paroles sont des oracles,
L'esprit faict au Ciel son sejour;
Son cœur se consomme d'amour,
Ses mains souuent font des miracles.

On void des œuures nompareilles,
Les Demons possedans les corps
Par force estoient chassez dehors,
Par tout François faict des merueilles.

Vn bon esprit ne s'en estonne;
Car quand par grace il plaist à Dieu,
Les Saincts font le mesme en tout lieu,
Les œuures suiuent leur personne.

Cæci vident, claudi ambulant, leprosi mundantur. Matth. 11.

O virum mirabilem in signis, et prodigijs, languores cum dæmonijs quoslibet pellentem,

Les aueugles voyent, les boiteux marchent, & les lepreux sont nettoyez.

SAINCT François vole dans les nuës,
Car le monde luy desplaist tant,
Qu'il l'abandonne mescontent;
Ses malices luy sont cognuës.

N'ayant rien que Dieu dans son ame,
Il tire vers le firmament
Quittant le terrestre Element,
Il met en lieu plus seur sa flamme.

Les Anges luy prestent main forte,
Esleuant son corps iusqu'aux Cieux,
C'estoit pour le contempler mieux;
Où le cœur est l'amour emporte.

Qui ſunt iſti qui vt nubes volant? Iſai. 60.

Quæ ſurſum ſunt querite nam que ſuper terram.

Qui ſont ceux qui volent comme les nuës? *Iſaye* 60.

H

TANDIS qu'vne belle fontaine,
Qui sortant d'vn riche costau,
Roulloit son argentin ruisseau,
Iusques dans vne belle plaine,

Il void vn pauure qui souspire
Apres vne goutte de vin ;
Lors tout remply d'amour diuin,
Change en vain l'eau qu'à seaux on tire.

Vin que l'amour, par excellence,
Produit par les mains de François:
La charité n'a point de loix;
Ainsi Dieu les siens recompense.

Haurietis aquas in gaudio de fontibus Saluatoris. Is. 12.

Nouum genus potentiæ, aquæ rubeſcunt Hydriæ,
Vinumq; iuſſa fundere, mutauit vnda originem.

Vous puiſerez de l'eauë en ioye des fontaines du Sauueur.

O François ton bon-heur i'enuie,
Lors que chacun eſt endormy,
IESVS te viſite en amy:
Et ton ame eſt par luy rauie.

Tu le prends des mains de MARIE,
Dont la beauté rauit les yeux:
C'eſt le plus bel objet des Cieux
Qui ſe donne à toy qui le prie.

Anges qui voyez ſes careſſes
Il ſemble qu'en ſoyez ialoux:
Sçachez que Dieu clement à tous,
Faict aux plus humbles ſes largeſſes.

Et ipse accepit eum in vlnas suas & benedixit Deum. Luc. 2.

Nunc dimittis seruum tuum Dñe secundũ verbũ tuũ in pace quia viderunt oculi mei salutare tuum.

Et il l'a pris entre ses bras & l'a beny.

CE Sainct estant en la priere,
Versant des larmes souspiroit,
Sa voix plaintiue respiroit
Apres IESVS, auec sa Mere.

IESVS paroist ioint à MARIE,
Disant, ie viens selon tes vœux
Demande-moy ce que tu veux:
Tu l'auras, ma Mere m'en prie.

Ie souhaitte indulgence plaine,
Pour ceux, qui prieront en ce lieu:
Vn amour humble obtient de Dieu
La relasche de toute peine.

Orantibus in loco isto dimitte peccata populi tui Deus. Reg. 3.

Pete a me quod vis et dabo tibi. Marci 6.

Demande-moy ce que tu veux & ie te le donneray.

C'ESTOIT en vne nuict obscure
Et dans l'Hyuernalle saison,
Qu'vn pauure homme hors de sa maison,
Auoit le Ciel pour couuerture.

Il ne peut dormir de froidure,
Le Sainct le toucha de sa main,
D'où partit vn feu plus qu'humain,
Qui chaud l'endormit sur la dure.

Que ne suis-ie comme cét homme
Au cœur touché d'vn sacré feu?
Beny celuy qui peu à peu
Dans telle braize se consomme.

Posuit

Poſuit manus ſuas ſuper manus eius, & calefacta eſt caro eius. Reg. 4.

Vili contectus tegmine, Sancto calercens flamme ,
Vicit algorem caumata, Chriſti dum geſtat ſtigmata.

Il a mis ſes mains ſur ſes mains, & ſa chair a eſté reſchauffée.

CInq mille freres ſont enſemble
Suſtantez, ſans qu'aucun euſt ſoin
De queſter, pour vn tel beſoin,
Ce miracle à IESVS reſſemble.

Tous prennent garde à la deffence
De François, ne penſans qu'à Dieu :
Les voiſins vinrent en ce lieu,
Qui firent toute la deſpence.

Où manque l'humaine ſageſſe,
Il faut auoir au Ciel recours :
On en reſſent le prompt ſecours ;
Heureux qui n'a point d'autre adreſſe.

Misereor super turbam, quia ecce iam triduo sustinent me, nec habent quod manducent.
Marc. 8.

Vnde ememus panes in ista solitudine.

D'où achepterons nous du pain en cette solitude? *Cron.* 6.

IL veut mourir nud ſur la terre,
Telle eſt ſon humble affection:
Qui peut blaſmer cette action,
De liurer à ſon corps la guerre?

Iuſqu'à la mort il perſeuere
A traicter ſon corps rudement,
Ainſi doit eſtre vn Sainct amant
Aux autres doux, à ſoy ſeuere.

Paſſant cette voute azurée
Il loge entre les Seraphins:
Ainſi par guerre les plus fins,
Ont rendu leur gloire aſſeurée.

Dominus meus Ioab, & ſerui Domini mei ſuper faciem terræ manent, & ego ingrediar domum meam. Reg. 2.

Pauper, nudus egreditur, cœlum diues ingreditur quaſi ſtella in perpetuas æternitates.

Nud ie ſuis ſorty du ventre de ma mere, & nud i'y retourneray. *Iob. 1.*

LA mort ayant mis dans la vie
Sainct François plus viuant que mort,
Saincte Claire, par vn bon sort,
Contemple ses playes, rauie.

De larmes sa face elle noye,
Baisant son costé, pieds & mains,
Percez, comme au Dieu des humains,
Ses souspirs au Ciel elle enuoye.

Mais qui suit de prez telle Mere?
Les Filles de la Passion,
Austeres en perfection,
Imitans sainct François leur pere.

Quid ſunt plagæ iſtæ in medio manuum tuarum? Zach. 13.

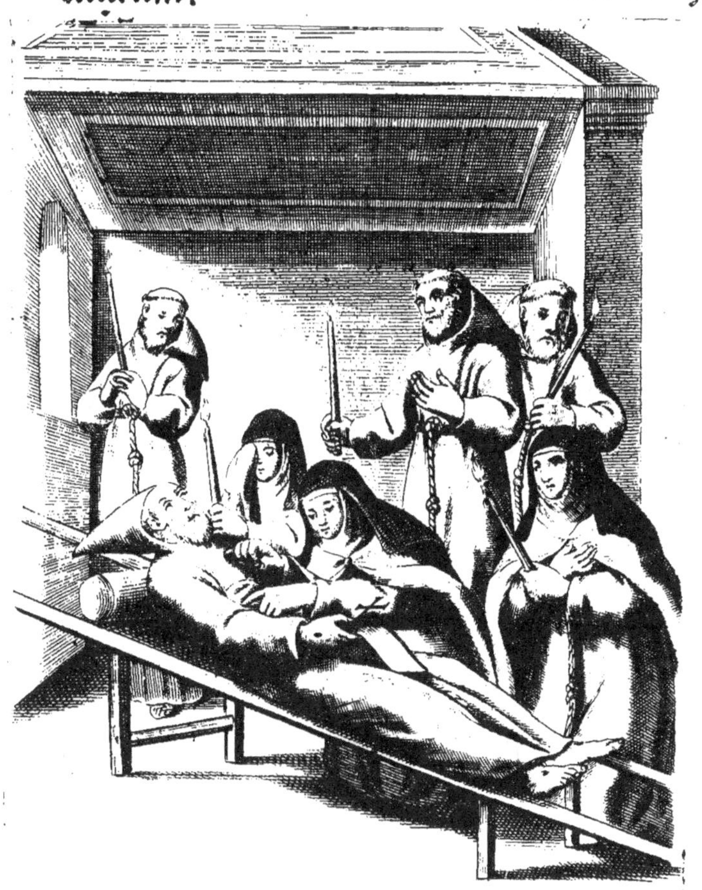

Erit ei plaga orientalis. Ezech. 48.

Quelles ſont ces playes au milieu de tes mains? *Zach.* 13.

LA mort, qui les beautez efface,
Laissa son corps plus blanc & beau,
Qui parut droict sur son tombeau,
En portant vers le Ciel sa face.

Le tres Sainct Pere ainsi le trouue,
Les pieds percez, mains & costé,
Dont tout doute en doit estre osté;
Apres qu'vn tel Pape l'aprouue.

C'est là le loyer de ses peines,
Son ame & son corps sont heureux:
Qui de IESVS meurt amoureux,
N'aura point d'esperances vaines.

Et ipſa creatura liberabitur à ſeruitute corruptionis. Rom. 8.

Non dabis Sanctum tuum videre corruptionē.

Vous ne permettrez, Seigneur, que voſtre Sainct ſoit corrompu.

Approbation des Docteurs.

NOvs ſous-ſignez Docteurs en Theologie de la Faculté de Paris, confeſſons auoir leu vn liure intitulé, *Les Embleſmes ſacrez, ſur la vie & miracles de ſainct François*, où nous n'auons rien remarqué de contraire à la Foy, ains iugé tres-digne d'eſtre expoſé au iour pour la conſolation des bonnes ames. Faict en Sorbonne, ce cinquieſme iour de Septembre, mil ſix cents trente-ſix.

I. VIGNAL. LOISEL.

S. Fran. iubet fr. Massæum se circumagitare ut viam quam teneat agnoscat. fr. Ruffinum nudum predicatũ mittit: ex quo pœnitens et ipse nudus sequitur. Confer. fr. 8. Incendium non restinguit, eo quod ignis referat operatione Dei. Spec. vitæ B. Fran.

S. Francois commande a fr. Masse de le faire tournoyer, Afin de sçauoir quel chemin ils doiuent tenir. il enuoye fr. Ruffin prescher nud, en penitence dequoy il y va luy mesme. il ne veut estcindre vn embrasement, dautant que le feu rapporte a l'operation de Dieu.

EPITAPHIVM SEPVLCHRI SANCTI FRANCISCI.

V. S. C. A.

FRANCISCI Romani
Celſa humilitate conſpicui,
Chriſtiani orbis fulcimenti,
Eccleſiæ reparatoris:
Corpori nec viuenti, nec mortuo,
Chriſti crucifixi plagarum,
Clauorumq; inſignibus admirãdo,
Papa nouæ fæturæ collacrymans,
Lætificans, & exultans
Iuſſu, manu, munificentia, poſuit.
Anno Domini M.CC.XXVIII.
XVI. Kalendas Auguſti
Ante obitum mortuus, poſt obitum
VIVVS.

Litterarum quatuor capitalium ille ſenſus,
Viro, Seraphico, Catholico, Apoſtolico.
Romanus dicitur ex ſumma obedientia erga ſedem Romanam, vel quia Aſsiſium Romanæ eſt ditionis.

www.ingramcontent.com/pod-product-compliance
Lightning Source LLC
LaVergne TN
LVHW050424160826
845677LV00002BA/525

* 9 7 8 2 3 2 9 6 9 7 2 5 3 *